LETTRE
A
M. DE V***.
SUR LA
TRAGEDIE
D'ORESTE.

CE n'est pas sans raison qu'il est des gens qui ajoutent foi à certains pressentimens; puisqu'après avoir prévû le succès de votre Piéce

A

dans le discours que vous avez fait au Public, son succès semble justifier cette modestie, qu'une éloquence apprêtée a fait admirer du Spectateur.

Nanine qui s'étoit présentée sans se faire annoncer par un préliminaire supplicatif, ne marcha sur la Scéne qu'avec des potances: suivant le début d'*Oreste*, on peut lui prédire qu'il ne voyagera point sur ce terrain raboteux sans risquer sa vie. Vous voyez quelle rude épreuve il vient de subir au premier pas qu'il y a fait ; mais vous faites des cures si surprenantes qu'elles tiennent du prodige. Le coup qu'il vient de recevoir ne sera pas mortel ; & je ne désespére pas encore de le revoir avec le front & le maintien assuré, que l'on remarque dans un Gladiateur ébranlé du premier coup de son adversaire, & qui se remet avec cette assurance que le desir d'en porter un plus assuré, lui inspire.

Ne pensez pas cependant que j'aille vous donner une Critique détaillée d'une production imaginée, conçue & enfantée dans six semaines. Les accessoires de vos Piéces sont si brillans, si vifs & si propres à séduire, qu'il faudroit avoir le flegme d'un Anglois, pour suivre pied à pied la contexture

& l'ordonnance d'une Piéce qui fourmille de pensées. On a beau dire qu'elles ne doivent point faire sur nous l'impression de la nouveauté ; & qu'elles y sont transplantées de *Gustave*, de *Semiramis*, d'*Electre*, de *Mœrope*. Vous avez acquis l'art de les déguiser si bien, qu'il n'y a qu'un épilogueur décidé qui puisse former une accusation aussi satirique. Les beautés qui accompagnent votre versification se succédent de si près, qu'il est impossible de se fixer à une, & d'avoir le plaisir d'en apporter l'image chez soi ; desorte que l'on peut dire qu'elles restent toujours dans l'endroit où elles ont vû pour la premiere fois le jour, & que l'enceinte de la Comédie leur sert de prison.

Le remplissage du premier, second, & troisiéme Acte, est digne de la célébrité que vous vous êtes acquise. Vous avez une dévotion outrée pour les cendres des Morts: quoi! toujours des cimetieres, des ossemens? Ces images lugubres affligent trop le Spectateur. Comment après avoir dit que la France l'emportoit sur *Athènes*, & que le Théatre François étoit supérieur au Théatre des Grecs, répétez-vous si souvent un Spectacle, qui faisoit chez eux un des principaux ornemens de leurs Piéces, & qui parmi nous est reconnu pour un accessoire d'autant plus inutile, que l'on l'a banni de la Scéne Françoise. L'*Opéra* est destiné à amuser les yeux & les oreilles. La Tragédie doit occuper le cœur & l'esprit. Je vous avoue qu'on peut, & que l'on doit même soupçonner de stérilité l'imagination d'un Auteur, qui a recours à ces beautés superflues dans un sujet bien choisi, bien conçu & bien exécuté. Voyez la simplicité d'*Electre* de M. *Crebillon*. Une chaîne fait tout son ornement ; cependant que succès ?

En général, votre Piéce est fort bien ordonnée ; aussi est-ce dans sa contexture seulement qu'elle a un air de ressemblance avec celle de votre *Confrere*. Que son amour propre, s'il entend bien ses intérêts, doit tirer avantage du contraste que fait dans l'esprit du Public un sujet traité si différemment ; tout votre Poëme n'est en effet qu'un éloge continué de celui de M de *Crebillon*.

La situation d'*Electre* n'est pas copiée d'après la nature : si elle prend *Oreste* lui-même pour le meurtrier d'*Oreste*, & si elle veut vanger sa mort &

celle d'Agamemnon, elle ne doit pas lever trois fois le poignard sur lui sans effet. Vous ne connoissez pas la vivacité de la vengeance. Vous ignorez, sans doute (effet d'un bon naturel) combien cette passion est véhémente & précipitée dans une femme, dont elle occupe le cœur ; rarement lui permet-elle de reconnoître de l'héroïsme dans ceux qui en sont l'objet ; ajoutez encore une raison d'intérêt plus pressant, parce qu'il est personnel, puisqu'elle l'attend & le désire non-seulement comme frere, mais encore comme son libérateur.

D'ailleurs, cette situation

ressemble trop à celle de *Mœrope* : lorsqu'elle veut sacrifier *Egiste* à *Egiste* pour produire l'effet que vous avez cru pouvoir vous promettre.

La reconnoissance d'*Electre* & d'*Oreste* m'a paru un peu mal-adroite : si je la compare à celle de *Zaïre*, de *Lusignan* & de *Nérestan* ; elle est de beaucoup supérieure à celle de *Mœrope* d'*Egiste*, qui ne l'est pas moins elle-même à celle-ci. J'ose même dire, que quoique vous ayez été assez généreux pour sacrifier l'harmonie à la sublime dureté de M. de *Crebillon*, je vous ai méconnu dans quelques vers qui m'ont échapé. J'ai accoutumé mon cœur & mon esprit à ne retenir que le beau pour le louer, & à oublier le *mauvais* pour ménager à l'Auteur une confusion, qui assurément ne doit pas être le prix des efforts qu'il fait pour nous plaire : je déteste la causticité, & j'ai une sécrette horreur des gens qui la chérissent. On a beau dire, que le cœur n'y a point de part, & que le seul esprit en fait ses délices. Celui-ci est trop intimément lié à la matiere, pour que l'autre ne participe point aux impressions qu'il reçoît.

Le quatriéme Acte figure donc fort mal avec les trois

précédens; ils forment entre eux une diſſonnance qui révolte. Je ne doute point que vous ne mettiez à profit les avis que le Public, qui toujours eſt infaillible dans ſes jugemens, vous a donnés. Depuis que le Spectateur s'eſt plié à regarder la premiere Repréſentation des piéces comme un ſimple eſſais, ou pour mieux dire, comme une répitition, Meſſieurs les auteurs ſont plus à leur aiſe aux dépens de leur amour propre : auſſi peut-on dire à leur louange qu'il n'entre pour rien dans leurs ouvrages.

Le cinquiéme Acte, Monſieur, eſt abſolument négligé,

soit pour la conduite, pour la cataſtrophe en elle-même, soit enfin pour la verſification. Comment *Clitemneſtre* reconnue par *Oreſte*, peut-elle être ſa victime? Un fils vient pour venger la mort de ſon pere, & vous lui faites tremper ſes mains dans le ſang de ſa mere; C'eſt un monſtre qui nous effraye & dont nous avons horreur. Voyez M. de *Crebillon*; il ſauve l'honneur de ſon héros par une mépriſe adroite. *Oreſte* eſt criminel ſans être coupable. Les Dieux ſont reſponſables de ce meurtre; ils ont conduit le coup. Voilà où l'on connoît le génie d'un Auteur, qui a toujours pour guide la vraisemblance, & qui suit la nature pas à pas: aussi combien est différente l'impression que cette catastrophe fait sur le Spectateur!

La Confidente d'*Electre* m'a paru déplacée de toutes les façons. Cet épisode est d'autant moins supportable, qu'il ne fait point une diversion agréable, & que d'ailleurs il ne peut être d'aucun secours dans votre piéce. Mais c'est un défaut avec lequel vous vous êtes familiarisé ; & rarement dépouille-t-on une habitude ; sur-tout lorsqu'elle nous a reussi : vous ne devez cependant point oublier combien *Philocte-te* est froid vis-à-vis la vieille *Jocaste*.

De quelques ornemens que l'Episode soit paré, il devroit être honteusement chassé de la Scene : toutes ses beautés ne servent qu'à faire perdre de vûe l'objet principal ; & une telle diversion ne peut qu'influer désavantageusement sur le reste de la piéce.

Les fureurs d'*Oreste* sont trop travaillées pour n'être point manquées : on n'y voit point ce désordre toujours inséparable d'un désespoir qui n'est point affecté.

Vous avez cru, sans doute,

qu'on feroit à *Electre* un accueil plus favorable, en lui donnant le ton des femmes du siécle : avez-vous donc oublié que les vapeurs font bailler, que le baillement est leur symptôme caractéristique, & que l'expérience nous apprend qu'il n'est rien de plus contagieux dans une assemblée ?

Je n'ai pas bien senti la raison qui peut avoir fait prodiguer tant d'applaudissemens au vers qu'*Electre* dit ; lorsqu'elle va consulter l'Oracle.

L'amour brava les Dieux, la crainte les consulte.

Heureusement cette Sentence

ne porte pas sur un point fondamental de politique ou de religion ; c'est pourquoi elle ne mérite pas le soin de l'analyse

J'ai observé dans tous vos ouvrages que vous enlaidissiez vos pensées à force de vouloir les embellir. Ainsi vous tombez ouvertement dans ce vers de l'Auteur du *Méchant*.

L'esprit qu'on veut avoir gâte celui qu'on a.

Je vous promets, Monsieur, un parallele impartial de votre *Oreste* avec l'*Electre* de M. de Crebillon.

J'ai l'honneur d'être,

www.ingramcontent.com/pod-product-compliance
Lightning Source LLC
Chambersburg PA
CBHW071430060426
42450CB00009BA/2112